VOCABULAIRE PATOIS

DU

PAYS MESSIN.

VOCABULAIRE PATOIS

DU

PAYS MESSIN.

Par JACLOT, de Saulny.

> Les connaissances sont nécessaires et utiles ; elles contribuent à l'agrément de la vie et sont la base véritable du bonheur.

PARIS

BORRANI et DROZ, libraires-éditeurs, rue des Saints-Pères, 9. | DUMOULIN, libraire, quai des Augustins, 13.

1854.

SAINT-NICOLAS (MEURTHE), IMP. DE P. TRENEL.

INTRODUCTION.

Le *Vocabulaire patois du pays Messin* que j'offre au public est loin d'être complet. Pour la tâche que j'avais à remplir, je me suis contenté de lire les quelques écrits patois du pays, et de recueillir les mots qui m'étaient familiers. En expliquant ces mots, je n'ai pas cru devoir indiquer leurs racines, l'espace dans lequel je me suis circonscrit ne me le permettait pas.

Pour ce qui regarde ma manière d'orthographier, je préviens le lecteur que j'en ai créé une toute particulière pour deux raisons : 1° parce que je n'ai pu adopter l'orthographe en usage dans la Lorraine, cette orthographe n'étant appuyée sur aucun principe fixe, et variant même au gré de chaque auteur ; 2° parce que j'ai voulu offrir à mes lecteurs les termes de l'idiome en usage dans notre contrée, avec leur prononciation vraie. Il sera donc facile à toute personne qui aura examiné avec soin cette introduction de se convaincre que chaque mot peut se lire et se prononcer tel qu'il est écrit.

Il est, à la vérité, quelques articulations étrangères à la langue française et qu'aucune explication ne saurait rendre facile à quiconque ne connaît que cette langue ; mais cette difficulté est peu de chose en comparaison des obstacles qui se rencontrent dans l'étude des langues de l'Europe.

Les voyelles *a*, *i*, *o*, *u*, ont le même son que dans le français. J'observe seulement que pour leur donner un son plus ouvert et plus allongé, je les ai surmontées d'un accent circonflexe. Je n'ai pu faire de même pour *e*, qui, sous cet accent, se serait prononcée *é*. Quand cette lettre est placée au milieu d'un mot, l'usage devra suffire pour lui donner le son qu'elle doit avoir ; mais, placée à la fin, on saura qu'elle est longue, lorsqu'elle sera double.

A précédant ou accompagnant la syllabe ille (aille) se prononce comme en français, dans les mots *taillant*, *taille*, *tailleur*.

E muet se prononce dans la langue française comme *eu* ; mais dans celle-ci, cette lettre ne produit aucun son.

H est toujours aspiré.

K. Ayant trouvé que cette lettre employée à l'exclusion du *c* ou du *qu* diminuerait la difficulté de la prononciation, je me suis souvent servi de cette première avec d'autant plus d'avantage qu'elle conserve le même son devant toutes les voyelles.

T se prononce comme en français, soit au commencement ou au milieu d'un mot ; il ne tient jamais la place du *ç*.

W. J'ai employé le double *w* en remplacement de la diphtongue *ou* pour en faire saisir plus promptement la véritable prononciation.

Y ne s'emploie que pour mouiller ; il n'a jamais le son d'un double *i* comme en français, quand même il serait placé dans un mot entre deux voyelles.

Ch a une articulation particulière que nul signe ne peut représenter en français ; ces deux consonnes que je considère comme une lettre, est la plus difficile de toutes pour les étrangers et il est même impossible de la rendre sans l'avoir entendue de la bouche d'un maître. Cette articulation s'aspire fortement et se prononce du gosier ; elle a le même son que l'aspiration des allemands dans les mots : *Euche, Beuchté, Ambeuche, Frécheure*, etc. Cette aspiration n'est pas générale, car dans quelques cantons, et même d'un village à l'autre, *ch* se prononce comme en français.

In. Il est difficile de rendre le son de ces deux lettres, que l'oreille seule peut saisir ; par exemple, le mot patois *vin* s'écrit comme en français, mais il se prononce bien différemment. Pour en donner une idée, je dirai qu'il frappe l'oreille à peu près comme dans les trois premières lettres du mot français *vinaigre*.

Les lettres finales *b, d, g, m, n, p, s, t*, ne se font sentir que lorsqu'elles précèdent un *e* muet.

Je crois que ce court exposé suffira pour mettre le lecteur au courant de lire le patois du pays Messin. J'aurais voulu lui faire remarquer les changements de quelques lettres, notamment le *G*, qui permute très-souvent avec l'*H* et le *W* (j'en ai consigné quelques-unes dans le corps du vocabulaire) ; mais ces explications m'auraient mené trop loin, j'ai préféré reculer ce travail que j'étendrai dans *la Grammaire lorraine*, où il me sera plus facile de donner des exemples qui ne peuvent entrer dans cette introduction.

On dirait que ceux qui ont écrit en dialecte de la Lorraine ont voulu se rapprocher autant que possible de l'orthographe de l'Académie française. Cette habitude, assez malheureuse, selon moi, dénature entièrement leurs compositions. Il ne s'agit pas de mettre le patois à la portée des gens du monde, mais de le présenter dans toutes ses formes natives aux savants qui ont la patience de le consulter.

La recherche des patois n'est pas pour eux un objet de curiosité frivole. Une comparaison judicieuse peut jeter un grand jour sur l'histoire obscure du moyen-âge. Malgré leur altération, les langues sont encore le monument historique le plus complet, celui qui peint le mieux le caractère des peuples et des migrations successives.

Dans le *Glossaire Lorrain* que je prépare et pour lequel j'ai déjà beaucoup travaillé, je donne les mots tels qu'ils se prononcent en saisissant leur naïf, leur vrai caractère. Je ne me laisse pas entraîner au néologisme qui est pour moi un sujet de lutte et un poison dangereux. Je remarque les différentes prononciations et les compare, en ayant soin d'indiquer où cette manière de prononcer est en usage. J'étudie leurs nuances, leurs articulations et fais une remarque à chacune de celles qui sont dignes d'être relevées. Les coutumes, les usages, les traditions, etc., accompagneront l'explication des mots qui y auront trait, et une traduction rigoureuse éclaircira les locutions obscures, ou qui n'auront pas de termes français correspondants. Avec cette sorte de glossaire (patois-français et français-patois), on verra la richesse du patois lorrain en général, et à l'aide de cet ouvrage on pourra mettre en lumière ce qui était jusqu'ici dans l'obscurité. Tel est le but que je me propose.

Je prie MM. les gens de lettres et toutes autres personnes qui auraient quelques observations à me faire, de vouloir bien me les adresser; leurs communications seront reçues avec reconnaissance.

Dètrèpieu-s, clabaudait-ez, critiquait-ez, calomniait-ez.
Détrichié-aye, défriché-ée-er.
Détrunes, détruisent.
Deùe, doit ; — expression par laquelle on impose le silence.
Deulant-e, sensible, délicat, chétif, faible.
Dévantèrié, tablier de femme.
Dévèsse, peur (la).
Dévié, devient ; — devine, v. deviner.
Dévolé-aye, descendue, descendre.
Dévudio, dévidoir.
Dézavié-aye, défiguré-ée-er, pâle, physique d'un malade.
Dézirié-aye, désiré-ée-er.
Dodu, gras, embonpoint.
Dongerous-se, dangereux-se.
Donô-te, donneur-se.
Dordinarc, d'ordinaire, constamment, habituellement.
Dôtance, doute, soupçon.
Dote, doute.
Douille, douve, merrain.
Drâhe, demi-porte, qui n'occupe que la partie inférieure du passage d'une porte entière.
Drahée, porte à claire-voie.
Dra-te, droit-e, debout.
Drauyo-te, à demi-gras-se, se dit d'une bête de somme.
Drèpée, petit linge, morceau de linge.
Dreu, droit (avoir).
Dreumâ-te, dormeur-se.
Dreumeré, dormira.
Drossié-aye, dressé-ée-er.
Drossu, dressoir, buffet où l'on range les plats en les dressant.
Drou-te, droit-e, debout.
Dru-owe, tendre, mou-molle.

E.

E voé, expression familière qui tient la place de bonjour.
Ebeusson, le commencement d'un travail de main.
Ebeulé-aye, prendre pour but, pour point de mire.
Ecauplé, lier deux choses ensemble, accoupler.
Echaudé, assourdir, rendre sourd par un bruit.

Echeuve (s'), s'achève.
Echevelaye, échevelée.
Echorié-aye, écouter clandestinement, prêter une oreille indiscrète.
Echorieu-s, écoutait-ez.
Echouaye, a l'abri de la pluie.
Ecoutereu-s, écouterait-ez.
Ecritoûle, encrier.
Edu, au revoir.
Efeulé-aye, voyez *anfeuté*.
Efliote, confiance, assurance, augure.
Efouni-èyæ-ir, affamé-ée-er.
Efutiaus, effets, ornements, parure.
Egeo, voyez *éfliote*.
Egotant-e, aimable, caressant, honnête, se dit d'une personne.
Ehauillé-aye, habillé-ée-er.
Ehoté-aye, arrêté dans une ornière, un mauvais pas, ne pouvoir plus marcher, se dit d'une voiture.
Eillou, ailleurs.
Ejoké-aye, juché-ée-er.
Ejokus, voyez *jokus*.
Emére, amer.
Enedreû, peut être bien.
Epâch (s'), s'apaise.
Epoûtes, apportent.
Eranteûle ou *élanteûle*, toile d'araignée.
Erayé-aye, ralentir la vitesse d'une voiture par le moyen de l'*érayu*.
Erayu, mécanique qui sert à ralentir la vitesse d'une voiture.
Erégne, araignée.
Erluré-aye, esprit, ruse, intelligence.
Erondrèlle, hirondelle.
Erozu, arrosoir.
Esclivé-aye, esquivé-ée-er.
Esieulé-aye, assis-e-oir.
Esmot (s'), femelle qui a l'apparence de mettre bientôt bas.
Esosné-aye, allié-ée-er, unir.
Etandeu-s, attendait-ez.
Etau, expression fort usitée qui signifie tout de même, à propos.

Etèche, pieu après lequel on attache les bestiaux dans les écuries.
Etèmaye, patience, — courage.
Etoquerins, attaquerions-ez-aient.
Etoùmi, ébaubi, étonné, étourdi.
Euille, œil, yeux.
Eveusse, eût (qu'il).
Evezeur, idée folle.
Evice, visse.
Evizion, voyez èvezeur.
Evolé-ayé, baissé-ée-er, — avaler.
Eyoûte, à loyer, se dit des bestiaux.

D.

Fauche ou *foche*, four.
Fauchené, enrager, fumer, pester.
Faumereu, fumier.
Faurchote, fourchette.
Faussot, fausset, petite broche à côté de la bonde d'un tonneau.
Fayé-aye, parfait, ne pouvoir faire mieux, se dit d'un travail.
Féché-aye, échalassé-ée-er, planter des échalas.
Féillot, feuillet.
Fénaû, fenaison.
Fénetré-aye, grand sec et pâle tout à la fois, — fruit ou légume creux.
Fénetrote, petite fenêtre.
Fénon, dent d'une fourche en fer.
Fénote, petite fourche en fer.
Fèrtudu-owe, tordu-e, tortueux, trop tordu.
Fereu-s, ferait-ez.
Férfauilla-te, celui ou celle qui *férfauille*.
Férfauillé-aye, chiffonné-ée-er, froisser entre les mains.
Fèrgaû, torchon attaché au bout d'une perche.
Fèrgonâ-te, qui fourgonne le feu.
Feuche, fade, qui n'a plus de saveur.
Feumaye, fumée.
Feumou-se, celui ou celle qui fume du tabac.
Feumou, fumeron, morceau de charbon qui jette de la fumée.
Fiauve ou *fliauve*, fable, conte.
Fiauvée ou *fliauvée*, phrase.

Fliachi-èye, flétrie-ir.
Fliamoche, flamèche, — personne faible.
Fliarié, puer.
Flièlous-se, flatteur-se.
Flio, nœud de ruban, de fil, etc.; — groupe de fruits après une branche; — feuille d'arbre, de papier, etc.
Fliongeant-e, flexible, pliant; se dit d'un bâton, d'une perche.
Fornirowe, rue à Metz.
Fortri, garde-forestier.
Fossious, fossoyeur, enterreur.
Fouaye, fée, divinité imaginaire; — fagot d'une grosseur démesurée; — femme habillée sans goût.
Foùcherèye, colère, emportement.
Fouérote, matière fécale très-claire.
Fouyé-aye, ôté-ée-er.
Fowon, branche parasite, qui pousse du pied de l'arbre.
Fowouéne, fruit du hêtre; — fouine.
Fråhou ou *frageou*, femme méchante, acariâtre.
Francis, François.
Frandauille, lambeau.
Fråtin, échalas usé, hors de service.
Frécheur, fressure.
Frégaû, femme dont les vêtements sont délabrés, en désordre.
Frérot, petit frère.
Freuchié, bruit sourd, piétinement doux, insensible.
Freuchin, espèce de gale; — femme qui n'entend rien aux affaires et qui veut s'en mêler.
Freuglion, fourgon.
Freulous-se, frileux-se.
Freumége, fromage.
Freumegèye, fromage délayé avec du sel, du poivre et des oignons.
Freumièye, fourmilière.
Freumin, fourmi.
Frigeolure, ornement, sculpture.
Fringale, faim extrême.
Frinsié-aye, froncé-ée-er.
Frotaye, tartine de lard; — terrain bien fumé.
Frou-frou, personne qui ne met aucune mesure dans ses actions.
Frovié-aye, qui est distrait, qui ne sait plus où donner de la tête.

Froye, écume sale qui se forme sur l'eau, dans les endroits où elle cesse d'être battue ou courante ; — peau que laisse la couleuvre après sa mue.

Fùgna-te, qui furette ; le porc, le sanglier *fugnes* en terre, lorsqu'il la laboure.

Fùgné-aye, fureté-ée-er, fouiller.

G.

Gabrèye, ribote, ripaille, excès.
Gâche, fille, demoiselle.
Gaugleu, pédant ; qui a plus d'orgueil que de sagesse.
Gaûlé-aye, abattre, se dit des fruits et notamment des noix.
Gaulot, trou, orifice d'une bouteille, d'un vase quelconque, par où il se vide ; — espèce de chenal qui conduit les eaux d'une source dans l'auge d'une fontaine.
Gaurmote, cordon de la cornette qui se noue sous le menton.
Gauvion, broche, bouche-trou.
Gebo, gibet, potence.
Gcolé-aye ou *jolaye*, gelé-ée-er.
Gifle, soufflet appliqué du revers de la main.
Ginguète, pacotille ; de peu de valeur.
Gliayant-e, gluant, glutineux, difficile à mâcher.
Gliorious-se, glorieux-se.
Gliot-e, qui aime la friandise ; gourmand.
Glioténerèye, gourmandise, friandise.
Gojote, fente d'une blouse, d'une jupe, etc., pour y passer la main.
Golant, amoureux.
Golote, galette.
Gônâ, oiseau blanc et noir, plus petit que la pie.
Gondoûille (an), en ruine, en poussière.
Gossâ-te, qui a une grosse gorge.
Gouaillâ-te, gausseur-se, plaisant, railleur.
Gouaillé-aye, gaussé-ée-er, railler, plaisanter.
Gouaillous-rosse, voyez *Gouaillâ*.
Gouré, boule en bois que les joueurs lancent après les quilles pour les abattre ; — boule de neige façonnée entre les mains.
Gouri, porc, voyez *hognè*.
Gowe, gueule, bouche ; pop.

Gowé-aye, morfondu, trempé par la pluie, mouillé jusqu'aux os.
Grâhié, crier, se dit de la poule quand elle a faim.
Graillon, soupe qui sent le réchauffé ; — femme malpropre.
Gravésse, écrevisse, homard.
Gréfignèsse, égratignure.
Grége ou *gringe*, grange.
Grégeote, petite grange.
Gréhié, grésiller, bruit que fait l'eau quand elle commence à bouillir.
Grénote, petite graine, criblure.
Grépeure, rebut de chanvre qui n'est pas entièrement dépouillé de chenevottes.
Grézèle, groseille.
Grézeti, groseille à grappe ; — grésil, petite grêle menue et fort dure.
Gripauillate, à la volée, jeter en l'air, des dragées, etc.
Grogna-te, qui gronde par habitude.
Grollon, grelon.
Gron, museau, groin.
Growilla-te, celui ou celle qui *groweille*.
Growillé, creuser, fouiller la terre, faire un trou.
Growillote, crochet pour tissonner le feu.
Grûloté, voyez *grullé*.
Guéchote, petite fille.
Guéille, quille.
Guèilltée, étui à l'usage des couturières.
Guèrguèsse, culotte.
Guérnaille, grenouille.
Gueulton, festin, banquet, pop.
Guèyin, fromage salé.
Guèyot, petite poire grise.
Gûgné-aye, cogné-ée-er.
Gugnon, guignon.
Guiguitte, Marguerite.
Guinde, tringle.
Guipure, vile, ordurière.

H.

Hâ, branche flexible et tordue avec laquelle on lie les fagots et quelquefois les gerbes.

Habérlin, espèce de panier en osier, à deux anses, de la forme d'un chapeau ordinaire.
Hambauillé-aye, brandillé-ée-er ; chanceler sur ses jambes.
Handée, chiffon.
Harégne, dispute, querelle.
Harhûle, trouble, querelle, dispute.
Haubriau, falbalas, coiffure chargée de rubans et de fleurs.
Haulifé-aye, avalé-ée-er ; manger en glouton.
Haulpèné-aye, prendre le meilleur, choisir, écrêmer.
Haupe, huppe.
Haut (sè), ici au haut.
Hauton, grain qui n'est pas détaché de sa paille, quoique battu.
Hayé, marcher, agir.
Hècherous-se, qui soigne peu ses affaires, qui les laissent traîner, qui n'est pas actif à son travail.
Hégna-te, qui hennit.
Hégné, hennir.
Hèguète, rosse, se dit d'un cheval, d'une vache qui chancelle sur ses jambes, tant par son âge que par sa maigreur.
Héland-e, flâneur-se, qui s'amuse par paresse.
Hélanderèye, flânerie, paresse, traîner.
Hèlé, sécher par la chaleur du feu, se dit du bois.
Hèrcèlle, paille découpée par petits bouts ; brisée.
Hèrcéllu, machine qui coupe la paille.
Hèrdèlaye, multitude, troupeau, quantité.
Hèrgancié-aye, balloter, être mal assis ; se dit de tous meubles qui ne reposent pas solidement sur leurs pieds ; — enfant pétulant que l'on oblige en vain à demeurer tranquille.
Hèrigo, haricot, fève.
Hèrmelé, soupirer, se plaindre, supplier pour obtenir quelque chose.
Hèrqué, marcher, agir des membres.
Heulade, poussée, — effort contre une personne, une porte.
Heulo, hanneton ; — tourbillon de vent.
Heurossié, frémir.
Heursié-aye, sournois-se, acariâtre, d'un vilain caractère ; — qui a les cheveux hérissés.
Heusse, vilaine mine, mine d'un boudeur.
Heute, haine, garder une haine contre quelqu'un.
Heuté-aye, donner ou recevoir un coup de tête ; se dit des moutons et des bêtes à cornes ; — se rencontrer.

Heuvelé-aye, jeter ci et là, sans soin, épars, mêlé.
Hèvaye, javelle, brassée de bois, d'herbes, de paille, etc.
Hèyant-e, insupportable.
Hèyéne, haine.
Hèza, hasard.
Himbé, Hubert, Humbert.
Hoderèye, lassitude, fatigant.
Hokiote, petite hotte, petite hottée.
Holà, interj., arrête! Ce cri fait arrêter les bœufs et les chevaux.
Hole (*qu'o ce qu'i*), qu'est-ce qu'il dit.
Hollaye, ondée de pluie.
Hollé-aye, secoué-ée-er un arbre pour en faire tomber ses fruits.
Holli, toit avancé ou espèce de hangar sous lequel on retire les voitures, charrues et instruments aratoires.
Homelande, sorte de breuvage pour les animaux.
Houre, femme de mauvaise vie.
Houté, cesser ; *houtré*, cessera.
Howyo-te, qui est en retard.
Hozote, espèce de grande guêtre.
Hûllaye, huée.
Hûllerèye, criaillerie.
Hûot! interj. ; cri qui fait marcher à droite un cheval qui va à gauche.

I.

Ignon, oignon.
Impoûte, importe.
Ingliote, griffe, ongle du lion, du chat, de l'épervier, etc.
Irpe, herse.
Irpiaye, endroit où la herse a passé.
Itou, aussi.

J.

Jakchipe, blouse.
Jacque, geai (oiseau).
Jauja-te, qui craint, qui hésite.
Jaugé, hésiter, craindre.
Jaute, chou dont le cœur est très-serré.
Jeton, essaim ; — jets, petites branches.
Jeulbire ou *jeurbire*, fenêtre de grenier.

Jèvée, javelle.
Jokus, juchoir, perches sur lesquelles les poules passent la nuit.
Jollo, jeune coq.
Jouaillon, mauvais joueur.
Joùbla-te, qui s'amuse à des jeux d'enfants.
Joùblé, badiner, s'amuser en enfant.
Jouintaye, ce que peut contenir les deux mains jointes.
Jowaye, soufflet sur la joue.

K.

Karamogna, chaudronnier ambulant.
Kèbèrè, cabaret.
Kèbognote, cabinet.
Kège, cage.
Kégno, coin, angle; — pièce de fer terminé en angle aigu, propre à fendre du bois, des pierres; — petit pain de beurre rond de la forme et grosseur d'une bonde.
Kéilbote, laitage, et particulièrement la crême.
Kéilrote, cuillère.
Kèmizoùle, veste.
Kèrkant, hardi, indomptable.
Kèrmeusse, festin, repas de société.
Kèrmonote, repas qui se fait à l'issu d'un baptême, d'une première communion.
Kèrné-aye, écorné-ée-er.
Késcin, coussin, oreiller.
Keulat ou *keulot*, le dernier né d'une famille, d'un nid, — petit reste d'une chandelle.
Keupote, salive, voyez *crochote*.
Keurié-aye, curer, recurer, nettoyer.
Keusméilla-te, qui fait un travail de petit rapport.
Keusmeillé, faire un travail presque inutile, de peu d'importance.
Keuvéille, litière.
Keuvéille (*haune*), tout pêle-mêle en désordre, saletée.
Keuvèlle, cuveau oblong.
Kèyant-e, fragile, cassant.
Kézancia-te, qui *kézance*, qui se dodine.
Kézancié-aye, tracassé-ée-er, chicane, brandiller.

Kézié-aye, qui se grattte, qui remue, qui n'est jamais tranquille.
Korbu-owe, bossu-e, personne qui est de travers.
Kowyéne, petit bout de terrain.
Koyé-aye, secoué-ée-er.

L.

Là, laisse, v. laisser.
Lâche, pou de mouton.
Lanté, épeler, commencer à lire.
Lantérnote, feu follet.
Lâtége, laitage.
Lausse, tarière, outil qui sert à faire des trous ronds dans le bois.
Lechée, pelote de fil, de soie, etc.
Levins, levions-ez-aient.
Lèye, elle, fém. de lui, *lu*, *lèye*.
Lézire, lisière, de casquettes, de drap.
Ligeous-rosses, lecteurs-trices.
Liin, lien.
Lin, lit, dortoir.
Lingue, lin, plante qni fourni une huile et dont on file l'écorce.
Liure, égout du fumier, — grosse corde.
Liyote, petit lien.
Lochant, léchant.
Longe (au), à côté.
Longeou, longueur.
Louége, louage.
Loùgna-te, lorgneur-se, — badaud.
Loùgné aye, lorgné-ée-er, — badauder.
Louyo-te, peu dégourdi, peu rusé.
Lowe, loup.
Luhéne ou *lugéne*, lucarne, — lumière.
Luhis ou *lugis*, loisir.

M.

Mâ, pétrin, huche.
Machié-aye, corps dûr qui est devenu mou par l'effet de l'eau ou de la chaleur.

Machoille, arbrisseau très flexible, employé par les vanniers.
Mâhée (an), en défaillance.
Mâhu, laps de temps.
Mâné-aye, exténué-ée-er de fatigue, hors de force.
Mantes, menterie, mensonge.
Mauchée, morceau.
Mauchote, morve, flegme.
Maugréné, voyez *maugrénié*.
Maugrénié, jurer, pester, enrager.
Mauillote, godet à longue queue que les fileuses mettent sur leur rouet, dans lequel elles mettent de l'eau pour mouiller le chanvre; — soupe au vin doux.
Maulo-te, mou, molle.
Mèchot, voyez *chèchot*.
Mèchtouille, moutard, gamin.
Mégerons, mangerons.
Mègnèye, petite fille.
Mèhan, rogne, gale.
Ménechèye, groupe de raisins que l'on suspend au plancher pour les conserver.
Méneûe, monnaie.
Ménote, main d'enfant, petite main.
Ménouille, voyez *méneûe*.
Mèque, maigre.
Mérandé, repas ou collation qui se fait à quatre heures.
Mèrcheu-s, marchait-ez.
Mèriteu-s, méritait-ez.
Mèroche, marais.
Mèrvaille, merveille.
Meuche, miche; — humidité, temps des pluies.
Meuchote, petite miche qui se fait d'un reste de pâte dans la huche.
Meulo, mulet; — marcotte.
Meume, mamelle.
Meussié-aye, coucher de la lune et du soleil; — s'esquiver, se glisser adroitement hors d'un lieu, passer lestement.
Meusso, recoin, coin plus caché et moins en vue.
Meuzgnon, museau; muselière.
Mèyote, Marie; — maillet.
Mézaré, tempêter.

Mihou, femme de mauvaise conduite.
Mijauraye, femme qui se croit belle, qui a des allures indécentes ; coquette qui se croit beaucoup et qui n'a rien pour elle.
Mingé-aye, voyez *méjé*.
Mintègne, manche d'un fléau.
Mirlifiche, enjolivure.
Mocaille, grumeau de farine mal délayé.
Mochené-aye, moissonné-ée-er; se dit aussi pour glaner.
Mochon, moisson.
Modeliche, Madelaine.
Môhnaye, habitants d'une maison, — personne d'une même société.
Môhnote, maisonnette.
Molahié-aye, malaisé, difficile.
Molèdèye, maladie.
Molle, poche, gousset.
Molorous-se, malheureux-se.
Moltoude, maltode; impôt, concession.
Monne, maussade (femme).
Mônin, homme désagréable, maussade.
Môribond, enfant mal venu, grêle, chétif.
Mornifle, soufflet appliqué sur le nez.
Motré, mettra.
Moltrée, chenet de cuisine.
Mouëlo-te, muet-te.
Mouéne, moine.
Mouétange, méteil, mélange de froment et de seigle.
Mouétrosse, maitairie de vigne.
Mouëyin, voyez *moyé*.
Moure, fruit du mûrier.
Mowa-te, mangeur-se, qui a toujours le mors à la bouche, pop.
Mowé, manger, pop.
Mowée, bouche, pop.
Mùillon ou *mùille*, meule de foin ou de paille.
Mùrégne, taupinière, trou que fait la taupe, ou monceau de terre qu'elle élève en fouillant.
Mùrote, pâte très-claire.
Mussa, mussè, blouse.
Mùyé, beugler, se dit de la vache.

N.

Nâchon, petit mangeur.
Nâni, non,
Nanteuille, lentille,
Naquéilla-te, qui mange en mordillant.
Naquéillé-aye, rongé-ée-er, mordiller.
Nausse, morve, — matière gluante.
Nèpe, nèfle.
Nèpi, néflier.
Nèvaye, navette.
Niau, œuf naturel ou en pierre, laissé dans le nid des poules pour les engager à y pondre.
Nichon, Anne.
Nichote, voyez *Nichon.*
Nièreu, il y aurait.
Nieu, neuf, — œuf.
Niquedauille, niais, benêt.
Nocrée, phalange.
Novelote, agneau femelle,
Nowé, nouer, — Noël.
Nôwi, noyer, — arbre qui porte des noix.
Nuche, noise, — cerneau.
Nuhote ou *nugeote,* noisette.
Nuhoti, noisetier, coudrier.

O.

Ohée ou *ogée,* volet dont se servent les maçons pour porter le mortier, — oiseau qui annonce la mort.
Olichèt, chardonneret (oiseau).
Opérateur, au village on nomme abusivement *opérateur,* tout ce qui est spectacle.
Orègeous-se, orageux-se.
Ouârée, mare d'eau, de sang, etc.
Ouarche, ivraie, mauvaise herbe à graine noire qui croit parmi les blés.
Ouche, cheville en fer qui empêche la roue de quitter l'essieu.
Ouée, étang.
Ouënesson, gibier, — lieux, rendez-vous de chasseurs.
Ouépe, guêpe.

Ouére, verre à boire, — vitre, — voir.
Ouèrée, taureau, étalon.
Ouério, petit verre à boire.
Ouésse, gazon garni d'herbes.
Ouëté, gros gâteau.
Ouëzon, gazon.
Oùillo-te, voyez *louyo*.
Oùillon, voyez *oùsson*, petite oie.
Oùle, huile.
Oùllion, vase dans lequel on met de l'huile.
Ourge, orge.
Ousson, petite oie.
Ovré-aye, travaillé-ée-er.
Ovri-re, ouvrier-ère.
Owouéille, aiguille.
Owoui, tablette ou pierre d'un évier de cuisine.
Owyon, noyau de fruit.

P.

Pache ou *poche*, pêche.
Pachié-aye, pêché-ée-er.
Pâhèye, tachées, pourries, se dit des fèves.
Palle, chambre à coucher.
Pan ! interj. qui exprime le coup donné à quelqu'un.
Paussu-owe, ventru, se dit des bêtes à cornes.
Papoufe, mitaine, gant.
Pariure (éne), un pari, une gageure.
Párron, nuage.
Paù, pieu, pilotis.
Paucheyon, petit pourceau.
Pauillotte, nuque du cou ; — poulette.
Paulire, petite ouverture au bas d'une porte.
Paulo, tige de chanvre, de paille, etc.
Paupli, peuplier.
Pauqué, pourquoi.
Paurote ou *pauraille*, poreau, plante potagère.
Paute, lèvre.
Pâlereu-s, parlerait-ez.
Paulo, grosse lèvre. pop.
Pavou, pavot.

Pèche, pron. *pèhh*; peste.
Pèchée, échalas.
Pèchelè-aye, échalassé-ée-er.
Pëchon, portion ; — échelon.
Pée, peau ; — pain.
Pèillé, paille.
Pèillote, paille de fer ; toute petite menue paille.
Pélon, poêlon.
Pélote, petite pelle à feu.
Pèpla-te, qui imite la chèvre en mangeant.
Pèplé, celui qui mange comme la chèvre.
Pèrantége, parentage, parenté.
Pèreu, flèche de lard ; — cloison.
Pèrpée, pierre qui tient toute la largeur d'un mur.
Pèssabe, passable.
Pèsseu-s, passait-ez.
Pètenaye, carotte sauvage.
Pétrée, étincelle.
Peume, pomme.
Peumin, pommier.
Peumote, pomme sauvage.
Peumoti, pommier sauvage.
Peupion, pépin, — petite pomme rouge.
Peurcho, personnes étrangères au bal de noce.
Peurié-aye, épurée-ée-er, — serrer, presser pour en faire sortir le jus en parlant du raisin, des pommes, des poires, etc.
Peurnèlle, prunelle, prune sauvage.
Peurouéille, bouton plat percé.
Peursin, persil.
Peuyé dés cholots, écaler des noix.
Peuyon, brou.
Peuyo-te, qui est à gage, — sans avarice.
Pèya, paillard.
Pèzée, voyez *vossée*.
Piailla-te, enfant qui crie toujours.
Piawoué, piauler, pleurer.
Piche, pêche, fruit du pêchier.
Pichote, bleuet, — petite pêche.
Pidoûle, petite bille de buis que les enfants, à l'aide d'un fouet, font mouvoir en équilibre sur sa pointe.

Piërot, Pierre.
Pieuté-aye, propagé-ée-er, multiplier, piluler, se dit des plantes.
Pile, volée de coups.
Pinchâ-te, qui *pinche*.
Pinché, pousser un cri, faire entendre un son désagréable à l'oreille, chanter sur un ton aigu.
Pinoche, épinard.
Pirche, perche.
Pirchi, cerisier.
Pitious-se, piteux-se.
P-leur ou *poleur*, pouvoir.
Pliamoüe, plaisir.
Pliaye, plaie.
Pliéde, plaindre, — plainte.
Pliètenaye, plein un plat.
Plieumar, plumet.
Plieuveu, pleuvait.
Plieuvous, pluvieux.
Pliowe ou *pliouve*, pluie.
Pochète, fruit de l'aubépine.
Pògne, poing, la main fermée.
Polé-aye, épluché-ée-er.
Polrin, mauvais sujet, vaurien.
Poltèsse, terre, boue qui se détache de la semelle du soulier.
Ponssote, petit pont.
Poquête, petite vérole.
Portérège, propriété champêtre qui appartient à une communauté.
Posson, pot, vase de terre avec anse.
Potot, petit pot.
Potrosse, pèteusse, — saule fragile.
Pouétiant-e, qui est pointu, qui a une pointe aiguë.
Pouin ou *poué*, point.
Poüpâ, prunelle de l'œil.
Pourge, peau que les femelles déposent après leur délivrance.
Pourote, voyez *paurote*.
Pourous-se, poudreux-se.
Poussote, bouillie.
Powrous-se, peureux-se.
Poyot, petite pente, — coude de la chemise.

Prannes, prennent.
Précolé-aye, supplié-ée-er.
Prégné-aye, paître, — troupeau à l'état de repos.
Preupère, prépare.
Preuvé, Privas.
Púchèye, pincée.
Púcho, pouce, le premier doigt de la main.
Puciota-te, celui ou celle qui *puciote*.
Pucioté-aye, travailler avec minutie.
Pusseron, insectes qui rongent les choux, la salade, etc.

Q.

Quèhin, croûte de lait sur la tête des enfants.
Quenaille ou *quéniaule*, quenouille.
Quêteu-s, quêtait-ez.

R.

Raclious, râcleur, ramoneur.
Racliu, espèce de rateau sans dents pour râcler la boue, etc.
Radièye, air de feu, — rayon chaud du soleil, grande chaleur.
Râge, sas, crible.
Râgeous, cribleur.
Rahon ou *râjon*, raison.
Râille, rave, radis.
Râillé lés euilles, faire de grands yeux.
Railleu-s, arrachait-ez.
Rambiou, reflexion de la lumière, reflet.
Rambroudré-aye, avoir une apparence maladive et négligée.
Raminé-aye, remémoré-ée-er, supputer.
Rampan, lière.
Rampanre, allumer de nouveau.
Rampau, partie égale de points, de quilles; terme de jeux.
Rangèye, rang, rangée.
Rangrûllé-aye, qui se sent du froid.
Ranguéillà-te, qui *ranguéille*.
Ranguéillé, râler, respirer avec bruit et d'une manière pénible.
Ranhûllé-aye, voyez *rangrûllé*.
Rankéza-te, rancunier-ère, qui murmure, qui cherche noise.
Rankézé-aye, chercher dispute; noise.
Ranrouhié ou *anrouhié-aye*, entortillé-ée-er, arrondir.

Ranlis-se-ir, réparer une toiture, — démêler de nouveau.
Ranmoure, aiguillonner.
Rannollé-aye, retourné-ée-er, partir.
Râton, nain, rabougri.
Raû, chat mâle.
Rauille, espèce de fourgon crochu avec lequel l'on râcle la braise du four.
Rauillo, petit *rauille*, voyez *growiote*.
Rauzo, roseaux.
Râve, rêve, *râvé*, rêver.
Ravous-se, rêveur-se.
Rebau, grappe de raisin dépouillée de ses graines.
Rébaulé-aye, rivé-ée-er.
Rebaulon, rebord, retroussis.
Rebauqua-te, qui répond arrogamment.
Rèbeuche, robuste.
Rèbeuté-aye, suppléer, qui supplée.
Rèbotous-se, raboteux-se, qui présente des inégalités.
Récaudé-aye, qui a reçu des avis, des conseils.
Récéne, repas à la fin de la veillée.
Rècmonin, écume que produit le beurre quand il se fond.
Reconfoù, magasin, maison de secours.
Rée, morceau de bois pour le feu, rameau détaché d'un arbre.
Rèeusse, personne qui est dans ses réflexions.
Réfate, produit d'une charge de fruits ou de légumes.
Réfistolé-aye, raccommodé-ée-er.
Règo, crapeau; — enfant de petite stature.
Règobié-aye, habillé tout à neuf, — restaurer.
Règrande, rallonge.
Regùillemézé, plus qu'il n'en faut.
Règuillomé-aye, confondre, convaincre, répondre adroitement.
Rekéillaye, produit des fruits tombés d'un arbre.
Rekéillé, faire la *rekéillaye*, ramasser les fruits tombés.
Rélèvu, torchon avec lequel on essuie la vaisselle.
Relèvure, eau qui a servi à laver la vaisselle.
Reloché-aye, léché-ée-er.
Rémanbrance, ressemblance.
Rême, rejet, rameau.
Rèmisse, vif, remuant.
Rèmon, balai, — longue perche garnie de ses branches, dont on se sert pour ramoner les cheminées.

Rémote, plus petite que la *réme*, petite branche de bois.
Rémouvé-aye, remué-ée-er.
Réné, cage d'osier, haute de deux pieds sans fond, de la forme d'un pot de fleurs renversé, sous laquelle on renferme la poule avec ses poussins.
Rénofliâ-te, renifleur-se.
Rénoflié, renifler.
Rénotié-aye, ôter les rejetons superflus de la vigne.
Rouatieu-s, regardait-ez.
Roué, revoit.
Rèpauillé-aye, rétablit.
Rèpiau, rot, effets accidentels de la digestion.
Rèpire, passage, sentier à travers un bois; — percé.
Rèpouté ou *rèp-té-aye*, rapporté-ée-er.
Réssèrcis, reprise faite à l'aiguille.
Rètounins, retournions-ez-aient.
Rétréké-aye, bien arrangé, en bon ordre.
Rétreuvé-aye, retrouvé-ée-er.
Rétrosse, retroussis de cotte, de jupe.
Reuille, rouille.
Reuillé-aye, grignoté-ée-er, ronger.
Reuille sè pèteure, ruminer, remâcher, en parlant des bœufs.
Reúquious, petits pains avec lesquels on jette les rois (le 5 janv.).
Reútée, roitelet (oiseau).
Reuyon, trognon.
Rèvaudâ-te, rôdeur-se, qui va partout où il n'a point d'affaires.
Rèvaudé, maltraiter; — rôder, chercher partout.
Rèvèrdaye, feu, flamme de peu de durée.
Rèvolerons, baisserons.
Revollon, récriminations, ressentiment.
Rèzin, croûte formée au fond d'une marmite.
Rézinglié-aye, tromper, convaincre quelqu'un, l'humilier, le réduire au silence, le couvrir de honte.
Rézingô, attrape, tromperie, humiliation.
Rézolé-aye, tremblé-ée-er.
Rézombé-aye, retenti-ie-ir.
Ribotous, rosse, riboteur-se.
Ridiau, rideau.
Roch, pron. *rohh*, aride, ardu.
Rocha ou *rocho*, habit.

Rodaillous-rosse, rôdeur-se.
Rogoce, racine noueuse, arrondie; — grenouille.
Rokée, rocaille.
Roland-e, riche, cossu.
Rombâ, noix de la grosse espèce.
Ronche, ronce.
Ronsin, cheval étalon.
Rossiaud-e, qui a le poil roux.
Roûbote, blouse, par-dessus.
Roucouille, femme de mauvaise mœurs.
Roué-aye, frapper quelqu'un, lui donner du bâton.
Rouée, empreinte d'une roue sur la terre.
Roufe, coup donné sur la figure.
Royo, rigole, petit ruisseau.

S.

Sambée, semblant, — feinte.
Sancious-se, industrieux-se.
Sandri, lisez *charrier*.
Sapliotâ-te, qui hésite, qui craint, peu hardi.
Sarrot, habit de toile peinte en vert.
Sasso, sas.
Saucelange, saule gris.
Saume, sommeil.
Saupe, soupe.
Saupikèt, pommes de terre découpées par tranches dans la marmite avec de la graisse et des oignons.
Saurveur, apercevoir.
Sautu, morceau de bois qui lie deux haies, ou qui barre un chemin sur lequel on passe en l'enjambant.
Sécante (éne), en quantité, à profusion.
Ségnié-aye, faire le signe de la croix, — guérir en faisant des signes.
Sègonié, mal travailler.
Semèrtré-aye, terre en jachère.
Semèrtro, oiseau qui fait son nid dans les fentes de murs.
Semonde, publication de mariage.
Sèquége, quantité.
Sèrcu, cercueil, bière.
Sèrhon, récolte.

Seumau, branchage (fagot de).
Seume, sème (il).
Séneu, navette sauvage.
Sèyon, bénitier.
Sèyote, petite seille, dans laquelle on reçoit le lait de la vache.
Sieùe, suie.
Sinsgnion, grillon, — saucis, — glande qui se produit sous le menton.
Soille, scie.
Sokote, racine noueuse.
Soùgnon, sureau.
Suzon, Suzanne.

T.

Tambrè, gâteau percé au milieu.
Tané-aye, étendu à terre.
Tanguégnâ-te, qui se *tanguégne*.
Tanguégné-aye, se disputer une chose, contrarier, soutenir une thèse.
Tantin, tante.
Tatié-aye, unir, rendre poli.
Tauillaye, table environnée de convives.
Taunée, tonneau, futaille.
Taunisse, qui a la tête tournée.
Taurniquèt, manivelle.
Tautlo, pâte cuite dans l'eau.
Tauzé-aye, élagué-ée-er, tondu.
Tauzure, la tonde d'un arbre.
Tavillon, essaim; voyez *jeton*.
Tèchon, blaireau.
Tèdèche, interj. qui exprime quelquefois la surprise.
Têe, express. employée pour apaiser ou pour chasser les moutons.
Tèle, parcelle de bois qui tombe sous la hache du bucheron.
Tèlote, morceau de bois plus petit que la *tèle*.
Tèneur, tonnerre.
Tèque, plaque de fonte contre un mur de cheminée.
Teuchée, tas de gerbes sur le grenier.
Teucherand, tisserand.
Teuchié-aye, tissé-ée-er.
Teuhon, bûche ronde, nommée rondin.

Teuillon, tige de chanvre dépouillée de son filament.
Teûle, toile.
Teûlote, toilette.
Teupenaye, légume pour le pot au feu.
Tèvelé-aye, fruit endommagé.
Tèvelo, manger ou liquide qui s'est ressenti de la chaleur du feu.
Tieule, terrine, soupière.
Tindu-owe, qui est teint, qui a pris une couleur, — éteint-e, en parlant du feu.
Tioutious, petit chien, — homme faible.
Tisson, peu dégourdi, benêt.
Tokège, société du même nom.
Tollé-aye, contusionné, meurtri, se dit des fruits.
Tollure, contusion, meurtrissure.
Tônaye (éne), une fois.
Toquâ, voyez *béilboque*.
Tossiâ-te, téteur-se.
Tossié-aye, tété-ée-er, — qui laisse sortir la langue de la bouche.
Totauille, voyez *roufe*.
Touënon ou *Touëniche*, Antoine.
Toûgnâ-te, qui a le cou de travers.
Toûgné, faire le *toûgnâ*.
Toûille, chaume, — champ où le blé a été nouvellement coupé.
Toûnisse, éblouissement qu'on éprouve quand on regarde dans un précipice, ou après avoir tourné autour de soi.
Trauche, plusieurs tiges vivantes réunies.
Trauché-aye, quand il pousse plusieurs tiges sur le même pied.
Tramblioie, peur, crainte (la).
Tranchège, douleur aigüe dans les entrailles.
Trantran, issue, connaissance de lieux.
Tranyins, étranglions-ez-aient.
Tratiant, traitant.
Traupée, troupeau.
Traupauillé, marcher dans l'eau, dans la boue, patauger.
Traupouë, servante mal propre, — saleté sur un plancher.
Trégnèsse, herbe rampante, chiendent.
Tréille, étrille, — pleine (mesure).
Tréillé-aye, étrillé-ée-er.
Trémaye, gerbes déliées et étendues sur le sol pour être battues.
Trème, rayon, trait de lumière, — sillon qu'on trace en

labourant, — trame, fil conduit par la navette.
Trèmouë ou *tramois*, divers grains, comme orge, avoine, etc.
Trénowa-te, qui éternue souvent.
Trénowé, éternuer.
Tréssauté-aye, tressaillir, épouvanter.
Treût-e, étroit-e.
Treuplé-aye, marcher sur, fouler aux pieds.
Treuplote, soulier avec semelle en bois plus ou moins large, à l'usage des jardiniers, pour serrer la terre des jardins ensemencés de petits grains, comme carottes, salades, etc.
Trèvure, planches suspendues au plancher sur lesquelles l'on met des fromages, du pain, etc.
Trézelé, frétiller.
Trézolé, trembler par l'effet du retentissement.
Triche, friche, terre inculte.
Trihu ou *triju*, espèce d'étui en sureau ouvert par les deux bouts, dans lequel on passe le fil ; on se sert de cet objet que l'on tient dans la main pour dévider un écheveau.
Tricouèsse, grosse tenaille de maréchal.
Trikot, gros morceau de pain, — gourdin.
Trimoussé-aye, contrarié-ée-er, en colère.
Trinsié-aye, jaillir, sortir avec impétuosité.
Trinsure, seringue.
Triolé, varier, changer de place.
Trouille, troène, plante fourragère.
Trouanderèye, paresse, fainéantise.
Trouant-e, paresseux-se, fainéant-e
Troûlé-aye, nettoyer les étables, relever le fumier, — enlever la boue d'un chemin, d'une rue, etc.
Trowée-aye, troué-ée-er, percer.
Tufenote, celui ou celle qui, machuré, va aux portes le 15 janv.
Tûle, tuile, *tulée*, tuile cassée ou broyée.

V.

Valle, *vace*, *volle*, *voce*, voici.
Vâlot, valet, serviteur, domestique.
Vanclion, pont du pantalon.
Vanrdi, vendredi.
Vantau, vanne à queue qui retient l'eau d'un étang à la bonde.
Vantous-se, venteux-se.

Varieule, virole, cercle qui consolide au manche le dard de la faux, ou la lame d'un outil.
Vaugand-e, vagabond-e.
Véchié-aye, versé-ée-er, penché-ée-er.
Venin-owe, venu-e, arrivé-ée-er.
Vèrkeulé-aye, piqué des vers.
Vèrmeusson, limaçons.
Vérous-se, qui a des vers, se dit notamment des fruits.
Veurans, verrons.
Vèyin, pelle à feu.
Vézélle, cicatrice.
Vianti, volontiers.
Viédace, pendard, mauvais drôle.
Vigorous-se, vigoureux-se.
Vioule, orgue de Barbarie, et généralement toutes les musiques qui se jouent à l'aide d'une manivelle.
Vizé-age, pénétré-ée-er, se dit du vent, des souris qui pénètrent par de petites fentes, de petits trous.
Vofe, veuf-ve, — morceau de pain coupé au milieu de la miche.
Volchant-e, verdoyant-e
Volchon, brin de verdure.
Volchoné-aye, qui est vert, qui verdit, verdir.
Vollaye (jeter à la), merci; du haut en bas.
Volou, valeur.
Vossée, vesce cultivée.
Voûle, souple, maniable.
Vourons, voudront.
Voyote, petit sentier.
Vudié-aye, vidé-ée-er.
Vudieu-s, vidait-ez.
Vûlé-aye, dégarnir de sa complication, — ôter les rejets.
Vûlure, rameau, rejet qui garnit un bois.

Z.

Zaubé-aye, pousser rudement, asséner un coup.
Zincle, petites boules de marbre.
Zinclié-aye, voyez *rézinclié*.

FIN DU VOCABULAIRE.